SYNDICAT COMMERCIAL ALGÉRIEN

POUR LA DÉFENSE ET LE DÉVELOPPEMENT DU COMMERCE ET DE L'INDUSTRIE

CONSTRUCTION

D'UN

BOULEVARD

EN FRONT DE MER

D'ALGER AUX DEUX-MOULINS

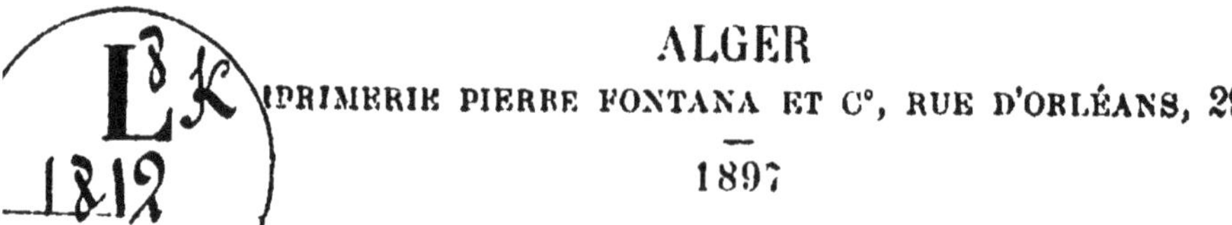

ALGER

IMPRIMERIE PIERRE FONTANA ET C°, RUE D'ORLÉANS, 29

1897

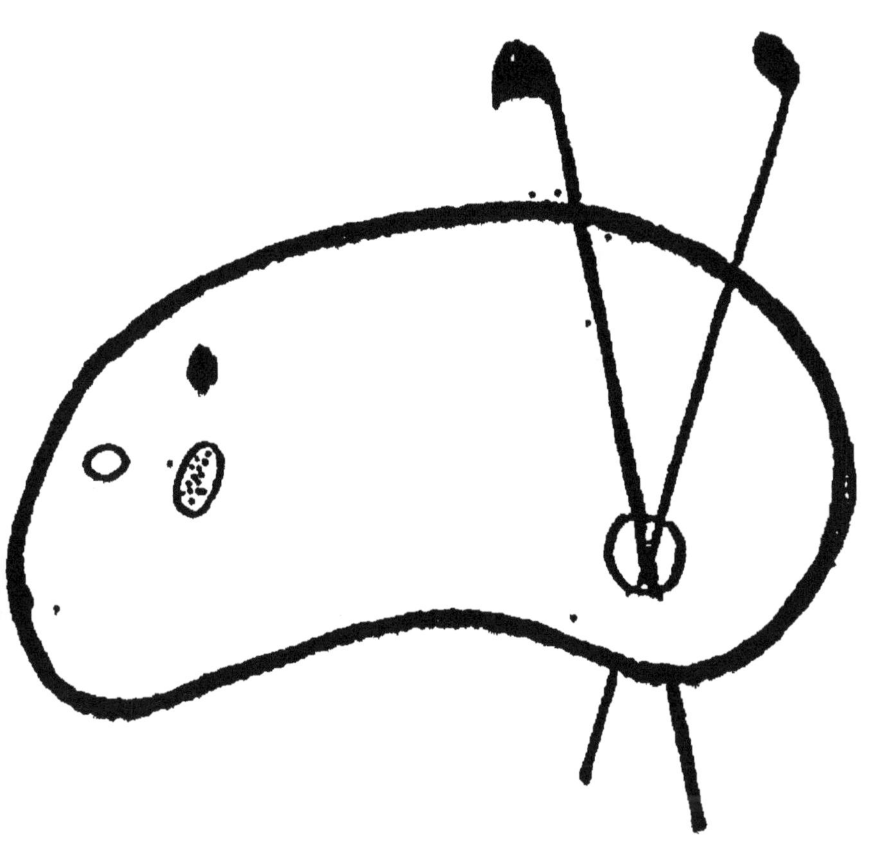

FIN D'UNE SERIE DE DOCUMENTS
EN COULEUR

SYNDICAT COMMERCIAL ALGÉRIEN

POUR LA DÉFENSE ET LE DÉVELOPPEMENT DU COMMERCE ET DE L'INDUSTRIE

CONSTRUCTION

D'UN

BOULEVARD

EN FRONT DE MER

D'ALGER AUX DEUX-MOULINS

ALGER

IMPRIMERIE PIERRE FONTANA ET Cᵉ, RUE D'ORLÉANS, 29

1897

SYNDICAT COMMERCIAL ALGÉRIEN

POUR LA DÉFENSE ET LE DÉVELOPPEMENT DU COMMERCE ET DE L'INDUSTRIE

RÉUNION DE LA CHAMRE SYNDICALE

Séance du 7 décembre 1897.

Présidence de M. TACHET, ✻, Président.

Extrait du procès-verbal.

CONSTRUCTION D'UN BOULEVARD

EN FRONT DE MER

ENTRE ALGER ET LES DEUX-MOULINS

M. **LAVANCHY,** Rapporteur.

EXPOSÉ GÉNÉRAL DU PROJET

Messieurs,

En séance du 26 octobre dernier, vous avez approuvé l'idée de présenter aux Pouvoirs publics un vœu tendant à l'utilisation de la plate-forme du chemin de fer projeté d'Alger à Koléa (*dans la partie comprise entre Alger et les Deux-Moulins*) pour l'établissement d'un boulevard.

Avant d'aborder la partie technique de la question, étudiée par notre sympathique secrétaire-adjoint, permettez-moi,

Messieurs, de vous présenter quelques observations générales.

Si l'on considère toutes les voies desservant notre ville, chemins, routes et ponts, rues, promenades et boulevards, on est invinciblement envahi par une pensée de protestation à l'encontre de nos devanciers, qui ont, pour ainsi dire, jeté au hasard les bases de ces ouvrages.

Prenons par exemple les rues Bab-Azoun et Bab-el-Oued, et toutes celles perpendiculaires y aboutissant.

Si elles eussent été construites de largeur double et même triple, serait-on aujourd'hui dans l'obligation de dépenser des millions pour les élargir ?

La dépense initiale n'eût pas cependant été bien considérable, puisqu'à l'époque on pouvait à volonté tailler dans route la superficie territoriale de la ville !!

Voyez aussi notre charmante petite voisine, St-Eugène !

Quel esprit a présidé au tracé de sa voirie ?

Ses rues ont à peine 3 à 4 mètres de largeur, et aucune voiture ne peut s'y engager si le conducteur ne prend soin, au préalable, d'envoyer un piqueur à l'extrémité opposée, avertir que la voie est occupée !!!

Il arrive même souvent que cette précaution est tardive, et alors, il faut, à reculons, rebrousser chemin, non, toutefois, sans enfoncer quelque mur ou quelque portail ou renverser quelque réverbère !!!

On se demande alors si vraiment l'ordonnateur de ce dédale de ruelles n'a pas subi l'influence de la ville arabe ; car il semble qu'il s'est attaché à tout faire petit, exigu, malaisé, au lieu de tracer des artères larges, des places spacieuses, qui seraient aujourd'hui l'orgueil des Algérois.

C'est là peut-être, Messieurs, un défaut de nos constructeurs de ne pas prévoir les exigences de l'avenir, et de ne concevoir que des œuvres répondant uniquement aux obligations urgentes du moment.

Nous devons, Messieurs, nous élever contre cette tendance fâcheuse qui, à juste titre, donne lieu à critique, et nous éviterons peut-être ainsi, à nos contemporains, de tomber dans les errements passés.

L'occasion s'offre précisément à nous de faire entendre cet avis. On doit exécuter un chemin de fer à voie étroite d'Alger à Ko'éa, et il semble que ce qui s'est fait au début de la conquête, en matière de voirie, doive se reproduire aujourd'hui, en matière de chemin de fer.

En effet, la plateforme prévue pour cette ligne est de 4m30, c'est-à-dire exactement la largeur indispensable au passage d'un train, alors que l'on pourrait, sans augmenter outre mesure la dépense, faire en même temps de cette plateforme une voie routière et de promenade !!

Par ses talus escarpés, la voie ferrée projetée obstruerait absolument les falaises, constituant ainsi, pour les amateurs de bord de mer, une véritable muraille de Chine ; alors qu'au contraire, la voix carrossable que nous voudrions voir exécuter embellirait la côte.

L'étude que nous avons l'honneur de vous soumettre, Messieurs, n'est certainement pas parfaite ; nous vous la donnons à titre documentaire, comme une idée du parti que l'on peut tirer de la situation.

Diverses autres solutions sont possibles ; et, si nous nous sommes arrêtés à celle qui consiste dans la surélévation de la ligne, c'est qu'elle nous a paru répondre à tous les besoins, à toutes les exigences d'économie et de stabilité à satisfaire.

De l'utilité de la voie proposée. — De son établissement.

Une voie en bordure de mer, dite Boulevard de Corniche, étant l'apanage de la plupart des stations hivernales de la Méditerranée, on se demande pourquoi Alger, dont le site charmant se prête à ravir à une telle œuvre, en est dépourvu !!!!

Son utilité est cependant incontestable, manifeste, tant au point de vue de l'embellissement de la cité, dont on poursuit la réalisation, qu'au point de vue des besoins de la circulation.

Alger, en effet, ne se trouve desservi vers la côte Ouest que par la route Malakoff — *Chemin de grande communication n° 1, d'Alger à Mostaganem* — qui, de l'avis unanime, ne répond pas aux besoins de la circulation intense nécessitée par le trafic de la région, notamment depuis l'établissement des tramways à vapeur.

Ce chemin, de largeur insuffisante, avec ses courbes et contre-courbes trop prononcées et successives, son nivellement difficile et trop accentué est devenu, il n'y a pas d'exagération à le dire, très dangereux. On n'y circule plus avec sécurité, et il ne se passe pas de jour que, soit dans la rampe accédant au cimetière, soit dans ce le aboutissant au plateau de St-Eugène, on ne redoute de graves accidents.

Attendra-t-on quelque catastrophe pour procéder à l'établissement d'une voie de dégagement qui s'impose ?

Nous ne le pensons pas, car nous savons que les hommes intelligents, éclairés et dévoués qui président aujourd'hui aux destinées de la commune de St-Eugène viennent de décider de porter remède à cet état de choses.

Nous devons les féliciter de cette décision, car elle entraînera, à n'en pas douter, une décision identique de la part de l'autorité municipale de la commune d'Alger, et, par suite, la réalisation de l'œuvre.

Je vous démontrerai tout à l'heure, Messieurs, que le résultat peut être atteint sans dépense trop considérable si, conformément au vœu que vous allez émettre, on utilise la plateforme du chemin de fer projeté d'Alger à Koléa.

Ce projet de chemin de fer, élaboré par le Service de la Voirie départementale, est actuellement soumis aux enquêtes ; c'est une étude remarquable, très bien conçue, qui fait le plus grand honneur à ce Service et à son chef, l'honorable M. Pitolet, qui a bien voulu, pour faciliter notre tâche, nous en donner communication.

Je ne saurais manquer de lui en exprimer ici toute notre gratitude.

Nous devons aussi, Messieurs, des remerciements à M. René Descamps, le distingué ingénieur de la Ville d'Alger, qui a mis à notre disposition le plan d'alignement et de nivellement de l'esplanade et du quartier Bab-el-Oued.

Description du projet de chemin de fer projeté en plan et en profil.

1° EN PLAN

Le tracé projeté par le Service vicinal, suivant les plans qui nous ont été communiqués, a son origine sur le quai Nord d'Alger ; il suit en souterrain la rue Amiral-Pierre et passe sous l'esplanade Bab-el-Oued pour déboucher sur la plage Bab-el-Oued, après avoir traversé le Bastion n° 2. Il longe cette plage et la route Malakoff, jusqu'à la Salpétrière, d'où il aborde les falaises qu'il ne quitte plus jusqu'aux Deux-Moulins.

2° EN PROFIL

La cote d'origine est 1m40 au-dessus du niveau de la mer; de ce point, la ligne s'élève en pente douce jusqu'à la sortie du tunnel (plage de Bab-el-Oued) où elle atteint la cote, 5m pour rester en palier à cette cote sur 450m de longueur.

Sur ce palier seront établis : 1° *la gare d'Alger*, 2° *l'arrêt de Bab-el-Oued*, auquel on accéderait par un passage à niveau de 6m, au droit de la rue Riégô.

De là, la ligne commence à s'élever avec les déclivités suivantes :

Rampe de 3 millimètres 1/2 sur.......	*150*	*mètres.*
Rampe de 15 millimètres sur.........	*100*	—
Palier (La Consolation) sur..........	*285*	—
Rampe de 12 millimètres sur.........	*125*	—
Palier (La Réserve) sur...............	*100*	—
Et enfin rampe de 3 millimètres 1/2 sur.	*418*	—

Au piquet 2,430m on rencontre le fort des Anglais que l'on passe en tranchée de 8m à la cote 6m94.

L'accès au fort des Anglais est assuré par un passage supérieur biais de 4m de largeur.

La tranchée du fort des Anglais se poursuit jusqu'au piquet 2,700m où elle a encore 7m50 de profondeur. — La cote du projet à ce point est de 9m ; c'est la côte du palier d'arrêt des falaises qui mène au piquet 3,350m d'où partent une série de rampes aboutissant au plateau des Deux-Moulins ; les rampes varient de 15 à 20 millimètres par mètre ; la rampe d'arrivée de 20 millimètres ayant environ 350m de longueur.

La cote d'arrivée est de 17^{m}71, elle se sonde en aval du viaduc des Deux-Moulins déjà exécuté.

Comme nous l'avons déjà dit, ce profil est très bien compris et son mouvement des terres bien combiné, de telle sorte que le cube des déblais correspond sensiblement au cube de remblais ; mais il conduit à des tranchées considérables qui ne peuvent être maintenues, si l'on veut utiliser la plateforme comme voie routière.

Notre première idée a donc été de chercher à relever cette plateforme dans le but :

1° De supprimer ces fortes tranchées pour dégager l'horizon vers la mer ;

2° De mettre la voie à l'abri des vagues et des forts embruns, l'altitude générale du tracé ne nous paraissant pas suffisante.

Ce résultat, croyons-nous, peut être facilement atteint sans une augmentation trop sensible des dépenses si l'on combine au mieux le système général des pentes et des rampes.

C'est ce que nous avons cherché à établir, après nous être livré à un examen attentif du profil en long.

Etude subsidiaire du Service vicinal.

Permettez-moi, Messieurs, d'ouvrir ici une parenthèse pour vous entretenir d'une étude subsidiaire très intéressante, élaborée par le Service vicinal. Elle consiste à établir au-dessus de son tracé, du fort des Anglais aux Deux-Moulins, une série d'arcades qui supporteraient un boulevard de 12 mètres de largeur, desservant St-Eugène. Ce boulevard serait à l'altitude de 15m00 au-dessus du niveau de la mer.

Evidemment, Messieurs, nous estimons qu'un tel ouvrage serait magnifique, grandiose. Mais nous pensons aussi que son établissement entraînerait une dépense trop considérable.

En outre, d'une part, le boulevard ainsi établi ne desservirait que la commune de St-Eugène, ce qui, à notre avis, ne suffit pas, **car tout l'intérêt de notre projet consiste à doter Alger d'une belle voie de promenade en bord de mer, sans solution de continuité depuis Alger et sur un parcours de plusieurs kilomètres.**

D'autre part, la voie ferrée serait maintenue au niveau prévu, niveau dont nous demandons la surélévation pour cause de sécurité.

Nous vous proposerons donc, Messieurs, tout en félicitant le Service vicinal de sa belle conception, et en le remerciant de cette étude qui lui a coûté une grande somme de travail, de repousser toute idée de construction de cet ouvrage et d'adopter la surélévation pure et simple du tracé.

Le boulevard en corniche proposé, en plan et en profil.

Ce boulevard aurait son origine à la sortie d'Alger, il se raccorderait à la cote 6m40, à la rue Amiral-Pierre prolongée, prévue dans le projet d'embellissement de la ville d'Alger (quartier Bab-el-Oued) et longerait sur toute la plage la route Malakoff pour suivre ensuite jusqu'aux Deux-Moulins le tracé de la vicinalité que nous avons déjà décrit. Le boulevard et la voie ferrée ne feraient qu'une seule plateforme de 9m60 de largeur, compris le caniveau dallé que l'on pourrait même réserver comme trottoir. (*Voir les profils en travers, types ci-annexés*). Les rails de la voie seraient noyés dans la chaussée. Sur le front de mer, un trottoir de 2m00 avec parapet de 0m40 serait établi, portant ainsi la largeur totale de la plateforme à 12m00.

Pour permettre le passage au travers des falaises de cette section de 12 m. de largeur, il suffira de dévier très légèrement l'axe du tracé, tantôt en accentuant un peu les courbes vers la terre pour mieux épouser le terrain, tantôt en s'infléchissant légèrement vers le large dans les parties où le profil transversal est sensiblement uniforme.

Par l'emploi de raccordements paraboliques on pourrait utilement atténuer les quelques courbes que l'on serait amené à accentuer.

On arriverait ainsi jusqu'à la propriété Truyol, à proximité des Deux-Moulins, pour ainsi dire sur la même assiette que celle prévue.

A partir de ce point, nous proposerions d'emprunter le chemin rural. Cette variante nous parait plus économique que le tracé ; elle réduirait les terrassements et les acquisitions de terrain, puisque l'on utiliserait la surface du chemin. Les façades des maisons de MM. Behr, Guillaume et de Mme Vve Wersing seraient en bordure du boulevard et les entrées de ces immeubles seraient reportées contre les façades latérales.

Pour le raccordement au viaduc de 23 m. déjà construit, il y aurait lieu de modifier le nivellement du chemin de grande communication n° 1, de façon à arriver avec le boulevard à zéro, à trente mètres environ en aval du dit viaduc.

Le trottoir du boulevard pourrait se prolonger en encorbellement sur le parement du viaduc, à l'aide d'un léger tablier métallique, accolé à ce parement.

Ainsi donc, Messieurs, en plan, les modifications seraient insignifiantes.

Les acquisitions de terrain seraient sensiblement les mêmes, car les emprises ne varieraient guère. En effet, le terrain nécessité par l'élargissement de la plateforme serait pris en partie sur les terrains absorbés par les grands talus de la voie ferrée.

En outre, il y a lieu de remarquer qu'en plusieurs points, le chemin rural du bord de mer serait utilisé, ce qui diminuerait encore d'autant les emprises prévues.

En profil, nous avons établi l'hypothèse des deux points de passage suivants :

1er point de passage à la sortie d'Alger ;

2e point de passage au cimetière de St-Eugène.

Pour obtenir le premier, nous avons dû augmenter de un millimètre et demi la rampe du souterrain sous la rue Amiral-Pierre, la rampe totale se trouverait ainsi portée à 0,005 millimètres 5.

Après avoir ménagé un palier de 400 m. pour l'installation de la gare d'Alger et de l'arrêt de Bab-el-Oued, par une rampe de 9 millimètres sur 171 m., on atteindrait la cote 8 m., nécessaire à l'établissement au droit de l'angle de la Salpétrière d'un passage inférieur pour le service de la gare et des voyageurs.

(Cette cote pourrait être baissée si l'on voulait admettre que le passage des voyageurs soit assuré par des escaliers

et que le service de la gare pour les marchandises soit effectué par un passage à niveau à l'origine de notre projet.)

De cette cote 8 m., on accéderait au passage à niveau du fort des Anglais, à la cote 14,75, par une succession de rampes de dix-huit à vingt millimètres coupées par des paliers de 100 mètres de longueur.

Du rond-point du cimetière au passage à niveau du fort des Anglais, il sera aisé de modifier le nivellement du chemin rural pour permettre aux voitures de s'embrancher sur le boulevard ; soit pour se rendre aux Deux-Moulins, soit pour aller à Alger.

(Faisons remarquer en passant que l'encombrement du chemin de grande communication n° 1 serait encore diminué d'autant, condition qui satisfait aux considérations énoncées à la préface de cette étude.)

Pour arriver à ce résultat, il suffirait de surélever les différents murs de soutènement et de défense contre la mer.

Avec des murs pleins, ces surélévations entraîneraient évidemment une assez sérieuse augmentation dans le cube des maçonneries et, par suite, dans la dépense ; mais, à notre avis, ce cube pourrait être réduit par l'emploi de voûtes successives permettant, dans les évidements, des réductions d'épaisseur.

Quant aux remblais nécessités par le nouveau profil, on les obtiendrait, savoir :

1° Par les déblais prévus sur la ligne ;

2° Par le décapement de toutes les pointes rencontrées, que l'on transformerait *(comme l'indique le profil en travers type)*, en promontoires accessibles aux promeneurs ;

3° Par les terrassements produits par le dérasement des fortifications ;

4° Et enfin, si cela était nécessaire, par des emprunts dans les coteaux des environs.

(REMARQUE : *Les terrassements d'emprunts sont moins onéreux que ceux provenant des tranchées de la ligne, établies sur des terrains achetés aux riverains.*)

Du fort des Anglais aux Deux-Moulins, la plate-forme affecterait l'ondulation suivante :

Pente de 20 millimètres sur..........	*250*	*mètres.*
Palier sur......	*150*	—
Pente de 5 millimètres sur............	*145*	—
Palier sur	*135*	—
Rampe de 11 millimètres 7 sur	*170*	—
Palier sur	*118*	—
Rampe de 18 millimètres sur.........	*100*	—
Palier sur	*152*	—
Rampe de 10 millimètres sur	*220*	—
Palier sur	*160*	—
Et rampe de 16 millimètres sur.......	*175*	—

On ménagerait, enfin, un palier de 70 m. qui aboutirait à la rampe de 20 millimètres de la plate-forme déjà construite à l'aval du viaduc des Deux-Moulins.

Ce nivellement, Messieurs, entraînerait une surélévation d'environ 2 m. 50 à 3 m. de tous les ouvrages, mais il diminuerait les tranchées d'autant, tout en permettant de satisfaire, comme le projet de la voirie, aux différentes sujétions des passages latéraux ou des déviations.

En effet :

1° **Le passage supérieur biais** *donnant accès à l'ancien fort turc disparaîtrait, car ce point, desservi aujourd'hui par le chemin vicinal, le serait dans l'avenir par le boulevard proposé ;*

2° **Passage pour piétons, de 2 m., au point 28.** *D'une manière générale, il n'y a pas lieu de se préoccuper de ces ouvrages secondaires, qui s'adaptent très aisément à n'importe quel point du tracé. D'ailleurs, partout où les tranchées ne seraient pas trop profondes, on pourrait remplacer les ouvrages par des escaliers au travers des talus. Pour notre tracé, ce serait le cas général ;*

3° **Le passage supérieur** *au droit de la rue des Bains serait maintenu, mais pourvu d'un tablier métallique ;*

4° **Le passage inférieur de 6 m.**, *au point 34 ne varierait pas ;*

5° **La tranchée couverte,** *au droit du café maure, au point 35 m., serait supprimée. On passerait en tranchée ouverte de 2 m. 50. La falaise étant à ce point très abrupte, il y aurait lieu de se rejeter dans la propriété Berger ;*

6° **Le passage supérieur de 3 m.** *de la rue Victor-Hugo serait maintenu, mais à l'aide d'un tablier métallique au lieu d'un ouvrage en maçonnerie ; il en serait de même du passage supérieur prévu au point 37, qui pourrait être un peu déplacé vers Alger pour gagner de la hauteur. Ou bien on pourrait modifier le nivellement du chemin rural pour passer à niveau. C'est une question d'étude de détail ;*

7° **La déviation du chemin rural** *entre les piquets 41 et 42 serait supprimée ; le chemin rural se confondrait avec le boulevard.*

Il en serait de même des autres déviations de ce chemin sur le reste du parcours.

Cette étude vous démontre, Messieurs, que l'idée d'utiliser la plateforme de la voie ferrée pour l'établissement d'un boulevard est pratiquement réalisable et ne bouleverse nullement les combinaisons prévues ; elle ne les modifie que très légèrement ; et par l'exhaussement du tracé, on obtiendrait ce double résultat **de mettre la voie absolument à l'abri des fortes mers et de permettre, au passage de toutes les plages fréquentées, le remplacement des murs de soutènement par des arches qui réserveraient ces plages.**

Nous voyons là, Messieurs, un très gros avantage ; car il ne faut pas oublier que ces plages précieuses sont le rendez-vous des nombreux Algériens amateurs de bains de mer.

Il ne nous reste plus, Messieurs, qu'à vous donner un aperçu de la dépense, pour vous permettre de délibérer en toute connaissance de cause.

Voici, approximativement, le résultat de nos évaluations :

1° Sur le territoire de la commune d'Alger.

De la sortie d'Alger au fort des Anglais, point 24.

TERRASSEMENTS

Gare d'Alger sur 375m	16.000 m3	
Rampe de 171m	11.500 »	
Palier sur 260m, dont 200 en terrassements et 60 pour le viaduc de la Salpêtrière	6.000 »	
Du viaduc à l'extrémité du remblai	23.500 »	
Total des terrassements (transports compris)	57.000 m3 à 1 fr 50 =	85.500 »

MAÇONNERIES

Maçonnerie ordinaire.

Exhaussement du mur de défense de la gare d'Alger sur 375m	700 m3	
Mur de soutènement sur la route Malakoff sur 380m3	1.200 »	
Exhaussement de mur sur 171m	800 »	
— sur palier de 160m	900 »	
Maçonnerie ordinaire du viaduc	1.000 »	
Mur de la Consolation, exhaussement	2.000 »	
Total	6.600 m3 à 18 fr. =	118.800 »

Elargissement du viaduc.

Voûte du viaduc de la Salpêtrière (estimation)...... 17.280 »

Allongement des petits ouvrages d'art.

Aqueducs, buses, passages pour piétons, escaliers, etc....... 12.000 »

Total....... 233.580 »

Soit : 240,000 francs *(le rabais de l'entreprise étant réservé pour les imprévus).*

2° Sur le territoire de la commune de St-Eugène

Du Fort des Anglais aux Deux-Moulins.

TERRASSEMENTS

Mur de 40m	3.000m3	
— 183m	12.500 »	
— 66m et aux abords	4.500 »	
— 58m	2.800 »	
— 151m et abords	13.700 »	
— 114m	8.700 »	
— 77m	6.000 »	
— 36m	1.800 »	
— 48m	1.600 »	
— 22m	1.000 »	
— 10m	900 »	
— 23m	1.000 »	
— 10m	500 »	
Total, transports compris	58.000m3	à 1fr50 = 87.000 »

MAÇONNERIES

Maçonnerie ordinaire.

Mur de 40m	650m3	
— 183m	2 250 »	
— 66m et abords	750 »	
— 58m	560 »	
— 151m et abords	1,600 »	
— 114m	1,000 »	
— 77m	750 »	
— 36m	200 »	
— 48m	300 »	
— 22m	250 »	
— 10m	130 »	
Exhaussement et allongement du viaduc	430 »	
Mur de 23m	70 »	
— 10m	60 »	
Total	9.000m3	à 18 fr. = 162.000 »

Elargissement de viaduc.

Voûte (estimation)	25.000 »

Allongement de tous les ouvrages d'art.

Trottoir de 2m avec parapet sur tout le parcours; raccordement de plateformes aux Deux-Moulins. — D'après calculs approximatifs	120.000 »
Total général	394.000 »

Soit : 400,000 francs *(le rabais et les réductions diverses résultant de la surélévation de la ligne étant réservés pour travaux imprévus).*

La dépense supplémentaire pour l'établissement du boulevard dans les conditions que nous avons indiquées serait donc de 240,000 francs d'une part, plus 400,000 francs d'autre part ; soit 640,000 francs, alors que le boulevard coûterait 2,740,000 fr. s'il était exécuté de toutes pièces.

Doit-on reculer devant cette dépense supplémentaire de 640,000 fr. et laisser échapper l'occasion de doter Alger d'une œuvre aussi grandiose qu'utile ?

Nous pensons que ce serait là une faute grave, lourde, et irréparable, car l'appropriation ultérieure de la ligne à un boulevard serait à peu près irréalisable, tant au point de vue de la dépense qu'au point de vue des difficultés d'exécution.

Si au contraire on la réalise, il y aura lieu de s'en féliciter, car Alger n'aura sous ce rapport rien à envier à Nice, Cannes et Marseille, si fières de leurs promenades en bord de mer.

Plus tard, aussi, lorsque la ligne de pénétration par Berrouaghia et Laghouat, peut-être même le transaharien, viendra faire sa tête de ligne à Alger, on pourra sans grands frais, utiliser la plate-forme que nous proposons.

Nous espérons, Messieurs, que notre travail sera bien accueilli des Conseils municipaux d'Alger et de Saint-Eugène, de notre Conseil général, et que M. le Gouverneur général voudra bien s'intéresser à l'exécution de cette œuvre.

Nous demandons aussi au Comité d'Hivernage de nous appuyer de sa haute autorité.

Comme conclusion, Messieurs, nous vous proposons d'adopter le vœu suivant :

VŒU

Le Syndicat Commercial Algérien,

Considérant qu'un boulevard en front de mer, au travers des falaises de St-Eugène, serait une œuvre d'embellissement du site algérois en même temps qu'une magnifique promenade de plus de 4 kilomètres ;

Considérant que ce boulevard constituerait pour la route Malakoff une voie de dégagement qui s'impose en raison de l'intensité de la circulation et du roulage ;

Considérant que la dépense nécessaire à son établissement serait, par l'utilisation des travaux projetés pour l'assiette de la voie ferrée d'Alger à Koléa, relativement peu importante ;

Considérant dès lors qu'il y aurait un très gros intérêt à tirer parti d'une solution aussi avantageuse,

Emet le vœu :

1° Que les Pouvoirs publics, les Administrations locales, militaires et civiles, veuillent bien appuyer cette création de leur avis favorable ;

2° Que le Conseil général du département et les Municipalités d'Alger et de St-Eugène, mûs par cette heureuse pensée d'accroître la prospérité et la beauté de notre coquette capitale, n'hésitent pas à voter cette dépense d'intérêt général.

Alger, le 7 décembre 1897.

Le Rapporteur,

LAVANCHY.

Après avoir remercié MM. Lavanchy et Moulliéras de ce travail documenté, M. le Président met en délibération les conclusions du rapport.

La Chambre syndicale est unanime à approuver la proposition et à souhaiter la réalisation du projet qu'elle comporte.

Un membre fait observer qu'Alger est en retard sur Bône, qui, pour n'être qu'une petite ville, n'en est pas moins dotée d'un chemin en corniche de près de sept kilomètres.

En résumé, la Chambre syndicale adopte le vœu qui lui est soumis sous bénéfice de l'adjonction des considérants suivants :

Considérant, **d'autre part, que la Voirie départementale a intérêt à adopter la surélévation préconisée pour mettre sa ligne à l'abri des accidents possibles par la fortune de mer ;**

Considérant, **enfin, que Bône chef-lieu d'arrondissement a son chemin en corniche, alors qu'Alger capitale en est dépourvue !!**

Emet le vœu ci-dessus indiqué.

La Chambre syndicale prescrit, enfin, l'envoi de cette délibération à M. le Gouverneur général, à l'Autorité préfectorale et, particulièrement, à la Chambre de Commerce d'Alger ; au Conseil Général, aux Municipalités intéressées et aux Admininistrations compétentes.

Après ce vote, M. le Président prie la Chambre syndicale de vouloir bien exprimer à MM. Pitolet et Descamps toute sa reconnaissance, pour avoir mis bienveillamment à la disposition du Secrétariat du Syndicat les documents qui ont permis d'établir l'étude de la modification proposée.

Cette proposition est adoptée à l'unanimité.

Pour extrait conforme :

Le Président, TACHET.

Le Secrétaire, NIBELLE.

Alger. — Imprimerie P. FONTANA et Cie, rue d'Orléans, 29. — 12-97.

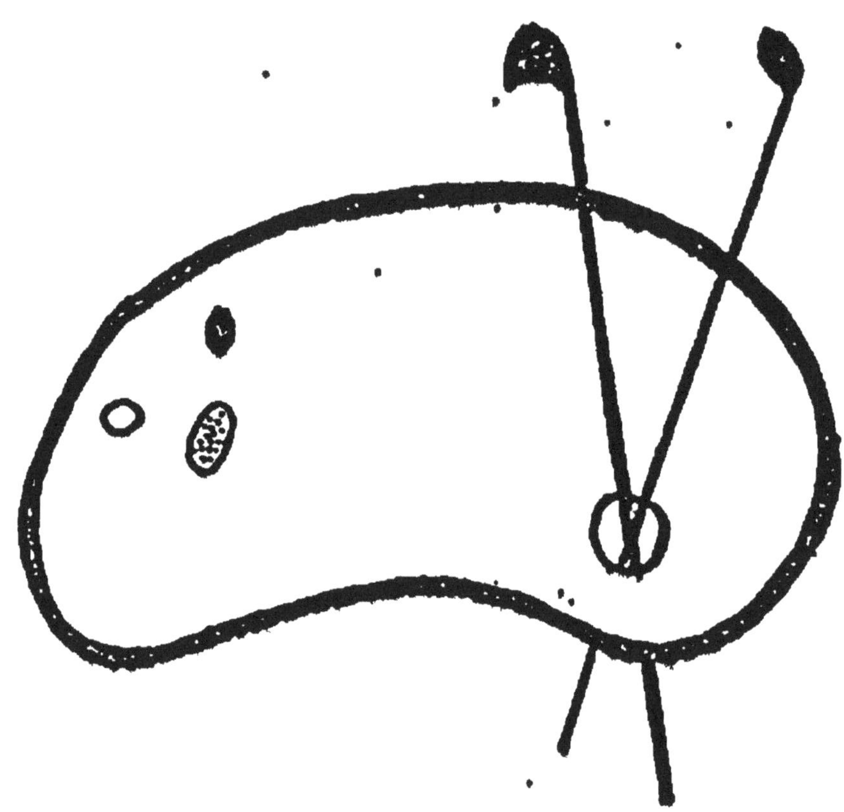

www.ingramcontent.com/pod-product-compliance
Ingram Content Group UK Ltd.
Pitfield, Milton Keynes, MK11 3LW, UK
UKHW022203190726
13855UKWH00004B/1595

9 782013 4276